Wandern in Sachsen-Anhalt

Das Ausfüllbuch für meine schönsten Wandertouren

Leo Vollgeherzt

vollgeherzt

Dieses Buch gehört:

Über mich und meine Wanderleidenschaft:

Mein Equipment:

Fotos einkleben

Meine Wandertour

○ 😍 ○ 🙂 ○ 😐 ○ ☹️

An welchem Tag war die Tour? _____

Wie war das Wetter?   ○ ☀️   ○ ⛅   ○ ☁️   ○ 🌧️   ○ ⚡   ○ ❄️

Welche Route bin ich gegangen? _____

Welche Strecke und Höhenmeter wurden absolviert? _____

Welche Aussichtspunkte und Einkehrmöglichkeiten gab es? _____

Welche Erlebnisse sind besonders erwähnenswert? _____

Kartenausschnitt einkleben

Meine Wandertour

○ 😍   ○ 🙂   ○ 😐   ○ ☹️

An welchem Tag war die Tour? _____

Wie war das Wetter?   ○ ☀️   ○ ⛅   ○ ☁️   ○ 🌧️   ○ ⚡   ○ ❄️

Welche Route bin ich gegangen? _____

Welche Strecke und Höhenmeter wurden absolviert? _____

Welche Aussichtspunkte und Einkehrmöglichkeiten gab es?
_____
_____

Welche Erlebnisse sind besonders erwähnenswert?
_____
_____
_____

Kartenausschnitt einkleben

Meine Wandertour

○ 😍 ○ 🙂 ○ 😐 ○ ☹️

An welchem Tag war die Tour? _____

Wie war das Wetter?   ○ ☀️   ○ ⛅   ○ ☁️   ○ 🌧️   ○ ⚡   ○ ❄️

Welche Route bin ich gegangen? _____

Welche Strecke und Höhenmeter wurden absolviert? _____

Welche Aussichtspunkte und Einkehrmöglichkeiten gab es?
_____

Welche Erlebnisse sind besonders erwähnenswert?
_____
_____

Kartenausschnitt einkleben

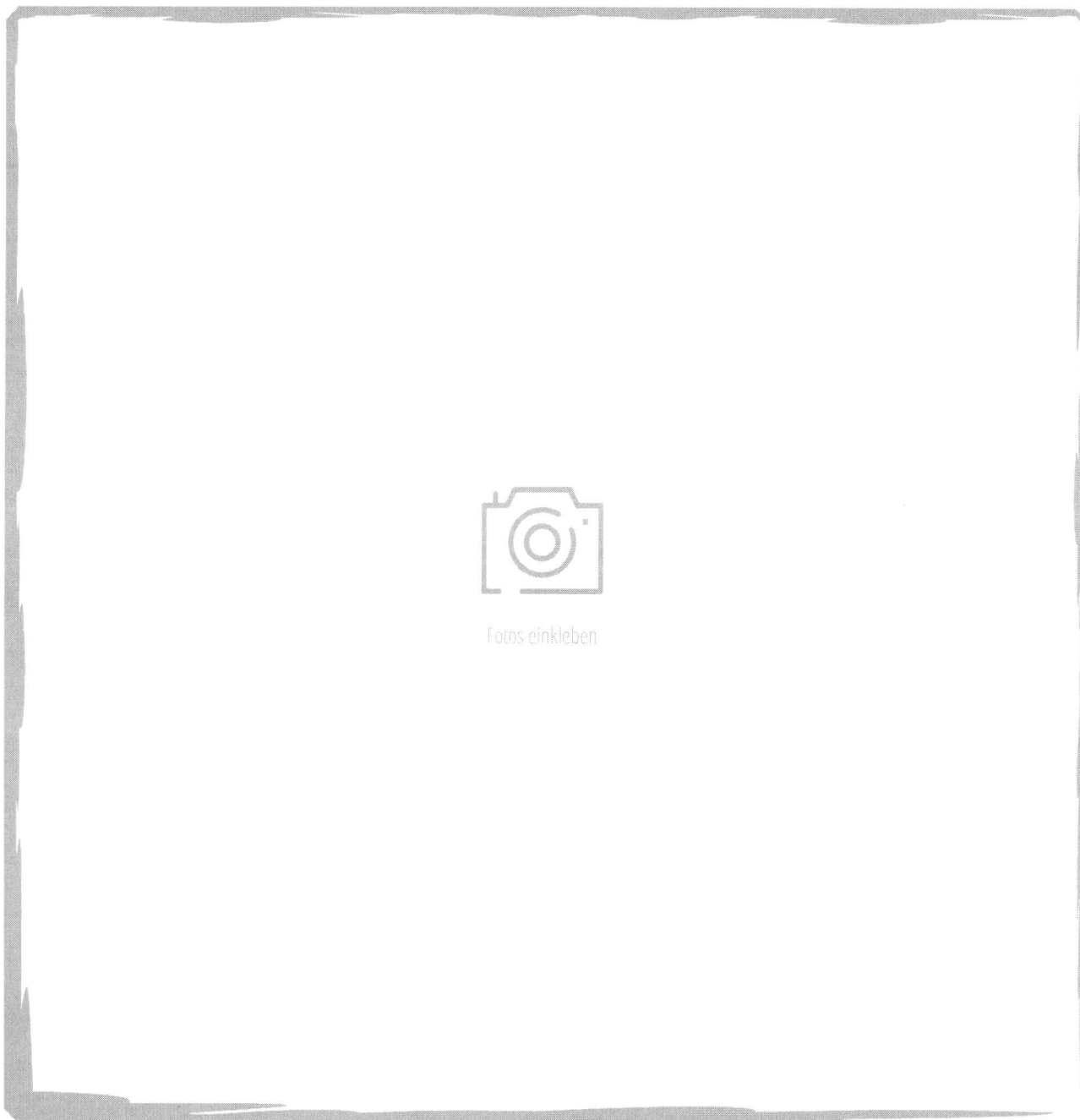

Meine Wandertour

○ 😍   ○ 🙂   ○ 😐   ○ ☹️

An welchem Tag war die Tour? _____

Wie war das Wetter?   ○ ☀️   ○ ⛅   ○ ☁️   ○ 🌧️   ○ ⚡   ○ ❄️

Welche Route bin ich gegangen? _____

Welche Strecke und Höhenmeter wurden absolviert? _____

Welche Aussichtspunkte und Einkehrmöglichkeiten gab es?
_____
_____

Welche Erlebnisse sind besonders erwähnenswert?
_____
_____

Kartenausschnitt einkleben

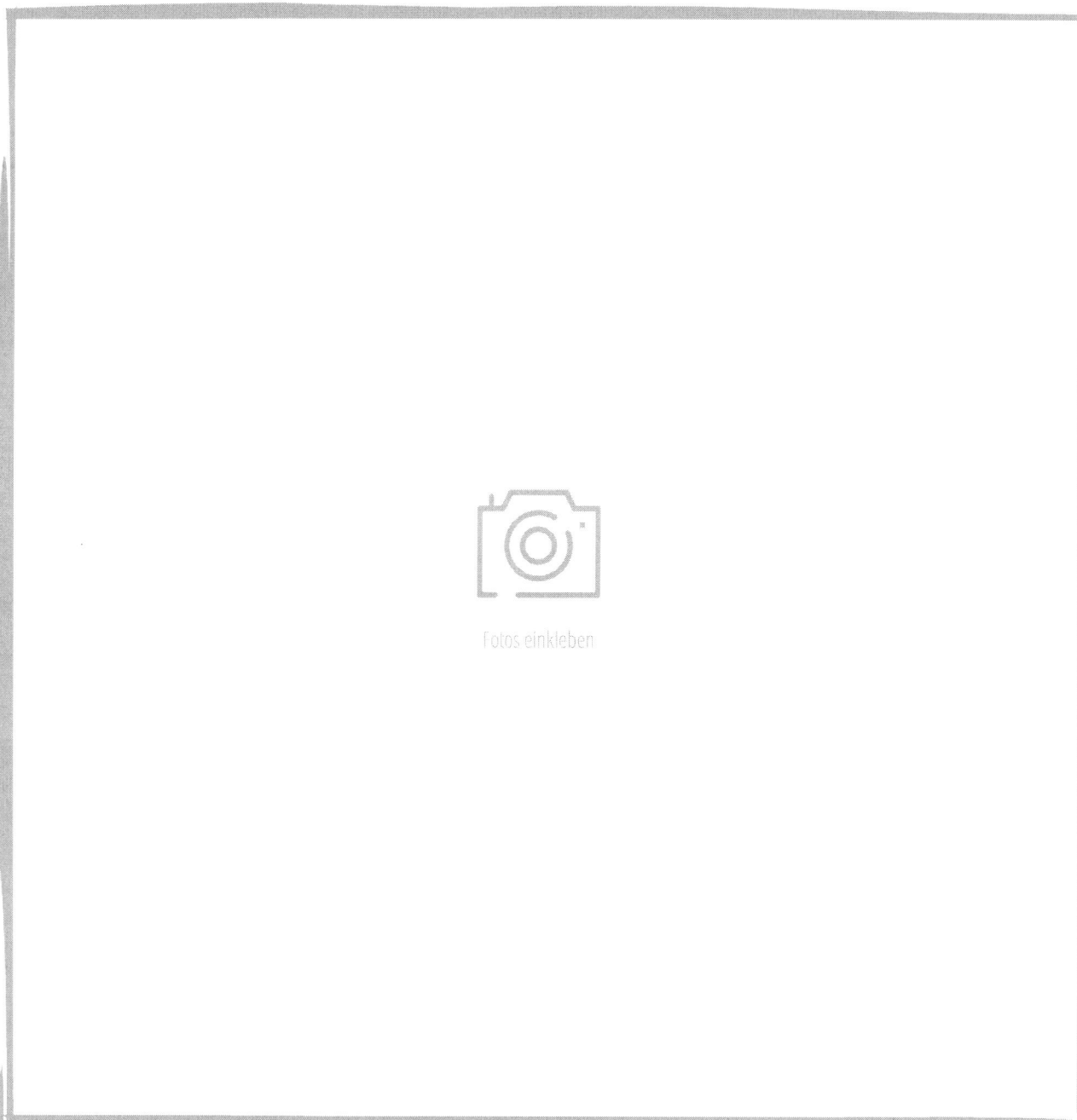

Meine Wandertour

○ 😍   ○ 🙂   ○ 😐   ○ 🙁

An welchem Tag war die Tour? _____

Wie war das Wetter?   ○ ☀   ○ ⛅   ○ ☁   ○ 🌧   ○ ⚡   ○ ❄

Welche Route bin ich gegangen? _____

Welche Strecke und Höhenmeter wurden absolviert? _____

Welche Aussichtspunkte und Einkehrmöglichkeiten gab es?
_____
_____

Welche Erlebnisse sind besonders erwähnenswert?
_____
_____

Kartenausschnitt einkleben

Fotos einkleben

Meine Wandertour

○ 😍 ○ 🙂 ○ 😐 ○ ☹️

An welchem Tag war die Tour? _____

Wie war das Wetter?   ○ ☀️   ○ ⛅   ○ ☁️   ○ 🌧️   ○ ⚡   ○ ❄️

Welche Route bin ich gegangen? _____

Welche Strecke und Höhenmeter wurden absolviert? _____

Welche Aussichtspunkte und Einkehrmöglichkeiten gab es?
_____
_____

Welche Erlebnisse sind besonders erwähnenswert?
_____
_____

Kartenausschnitt einkleben

Fotos einkleben

Meine Wandertour

○ 😍   ○ 🙂   ○ 😐   ○ ☹️

An welchem Tag war die Tour? _____

Wie war das Wetter?   ○ ☀️   ○ ⛅   ○ ☁️   ○ 🌧️   ○ ⚡   ○ ❄️

Welche Route bin ich gegangen? _____

Welche Strecke und Höhenmeter wurden absolviert? _____

Welche Aussichtspunkte und Einkehrmöglichkeiten gab es?

_____

Welche Erlebnisse sind besonders erwähnenswert?

_____

_____

Kartenausschnitt hier kleben

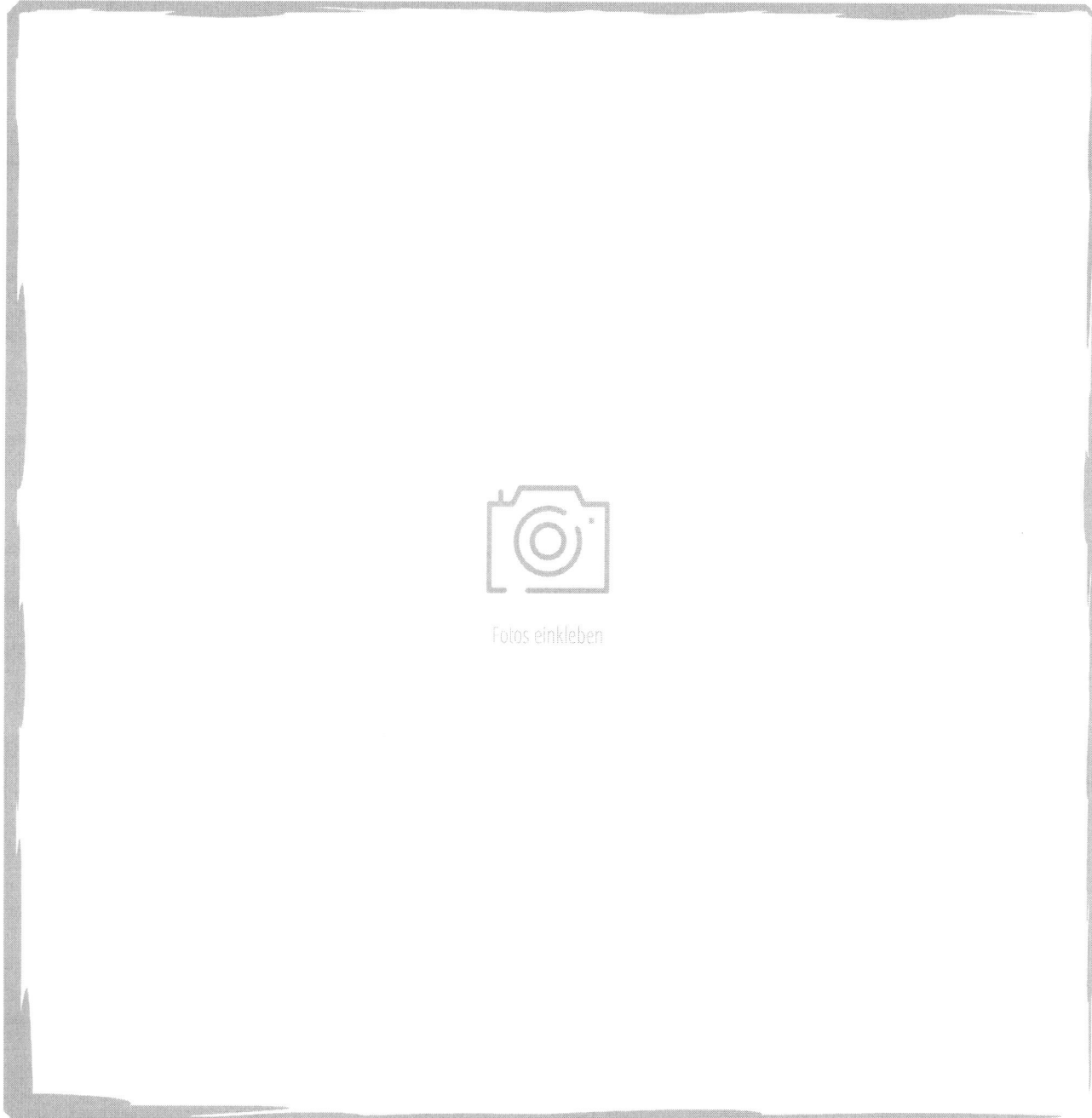

Meine Wandertour

○ 😍 ○ 🙂 ○ 😐 ○ ☹️

An welchem Tag war die Tour? _____

Wie war das Wetter?   ○ ☀️   ○ ⛅   ○ ☁️   ○ 🌧️   ○ ⚡   ○ ❄️

Welche Route bin ich gegangen? _____

Welche Strecke und Höhenmeter wurden absolviert? _____

Welche Aussichtspunkte und Einkehrmöglichkeiten gab es?

_____

Welche Erlebnisse sind besonders erwähnenswert?

_____
_____

Kartenausschnitt einkleben

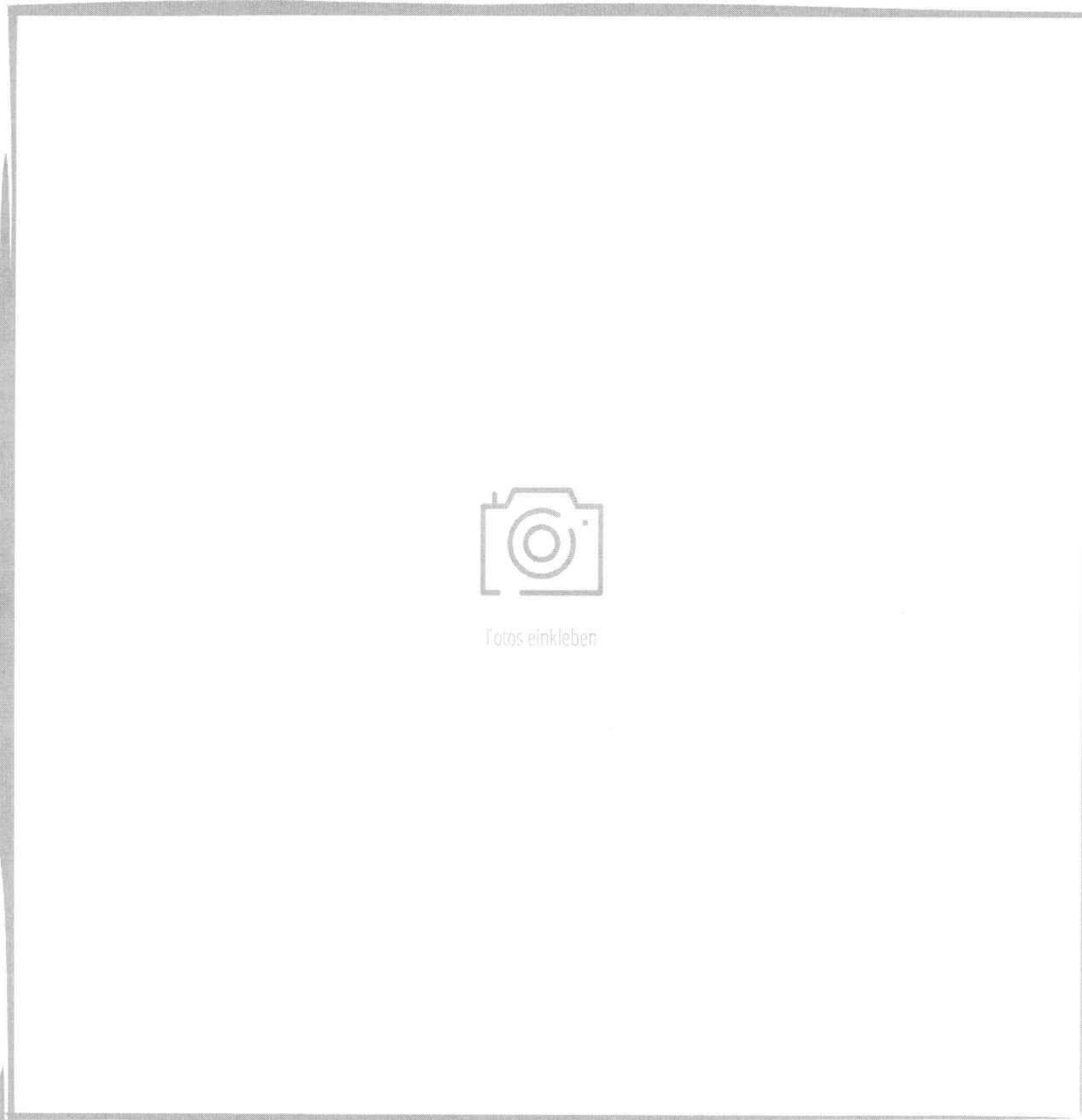

Meine Wandertour

○ 😍   ○ 🙂   ○ 😐   ○ ☹️

An welchem Tag war die Tour? _____

Wie war das Wetter?   ○ ☀️   ○ ⛅   ○ ☁️   ○ 🌧️   ○ ⚡   ○ ❄️

Welche Route bin ich gegangen? _____

Welche Strecke und Höhenmeter wurden absolviert? _____

Welche Aussichtspunkte und Einkehrmöglichkeiten gab es? _____
_____

Welche Erlebnisse sind besonders erwähnenswert? _____
_____
_____

Kartenausschnitt eir kleben

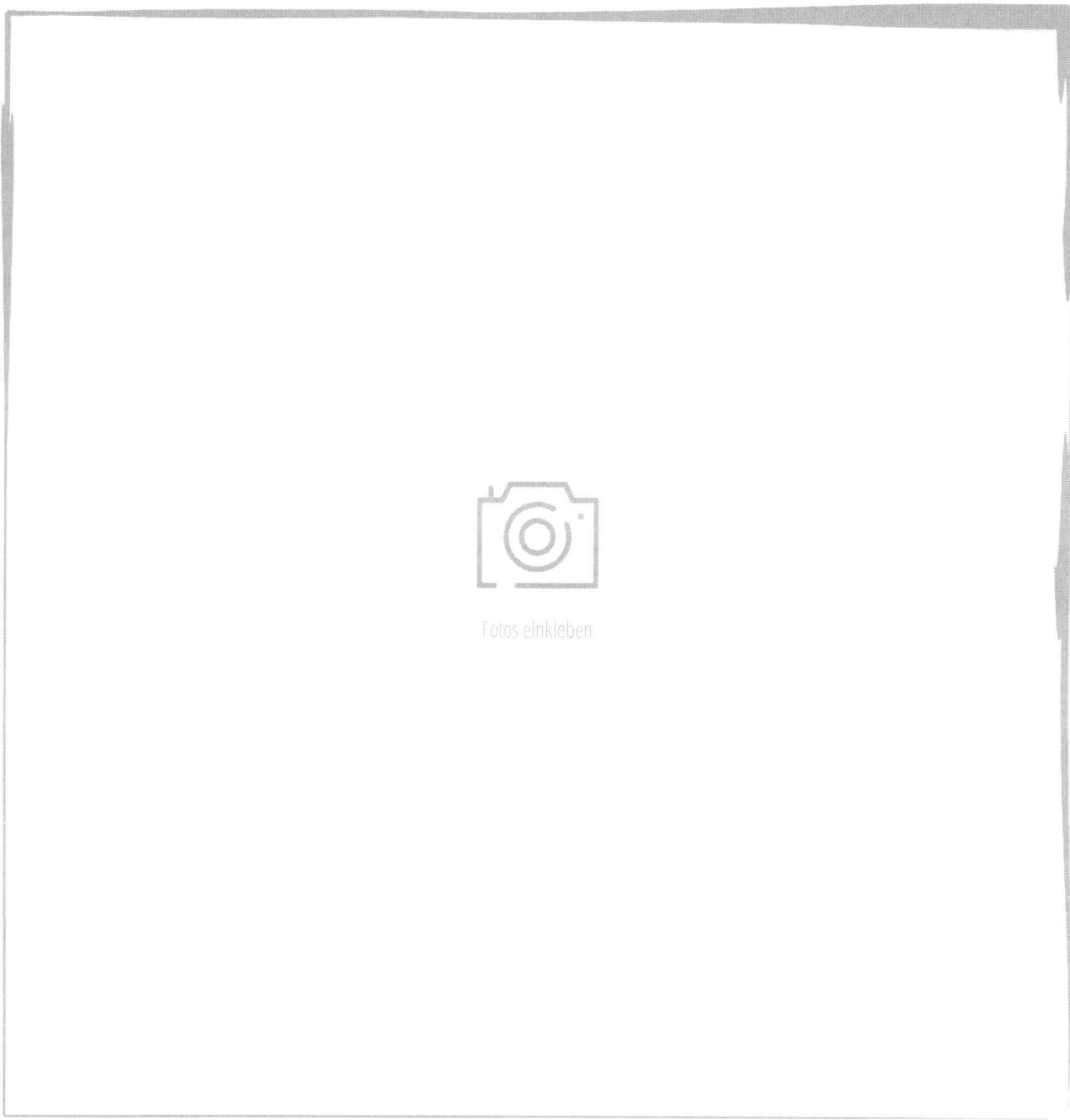

Meine Wandertour

○ 😍 ○ 🙂 ○ 😐 ○ ☹️

An welchem Tag war die Tour? _____

Wie war das Wetter?   ○ ☀️   ○ ⛅   ○ ☁️   ○ 🌧️   ○ ⚡   ○ ❄️

Welche Route bin ich gegangen? _____

Welche Strecke und Höhenmeter wurden absolviert? _____

Welche Aussichtspunkte und Einkehrmöglichkeiten gab es?
_____

Welche Erlebnisse sind besonders erwähnenswert?
_____
_____

Kartenausschnitt einkleben

Meine Wandertour

○ 😍   ○ ☺   ○ 😐   ○ ☹

An welchem Tag war die Tour? _____

Wie war das Wetter?   ○ ☀   ○ ⛅   ○ ☁   ○ 🌧   ○ ⚡   ○ ❄

Welche Route bin ich gegangen? _____

Welche Strecke und Höhenmeter wurden absolviert? _____

Welche Aussichtspunkte und Einkehrmöglichkeiten gab es?

_____

Welche Erlebnisse sind besonders erwähnenswert?

_____

_____

Kartenausschnitt einkleben

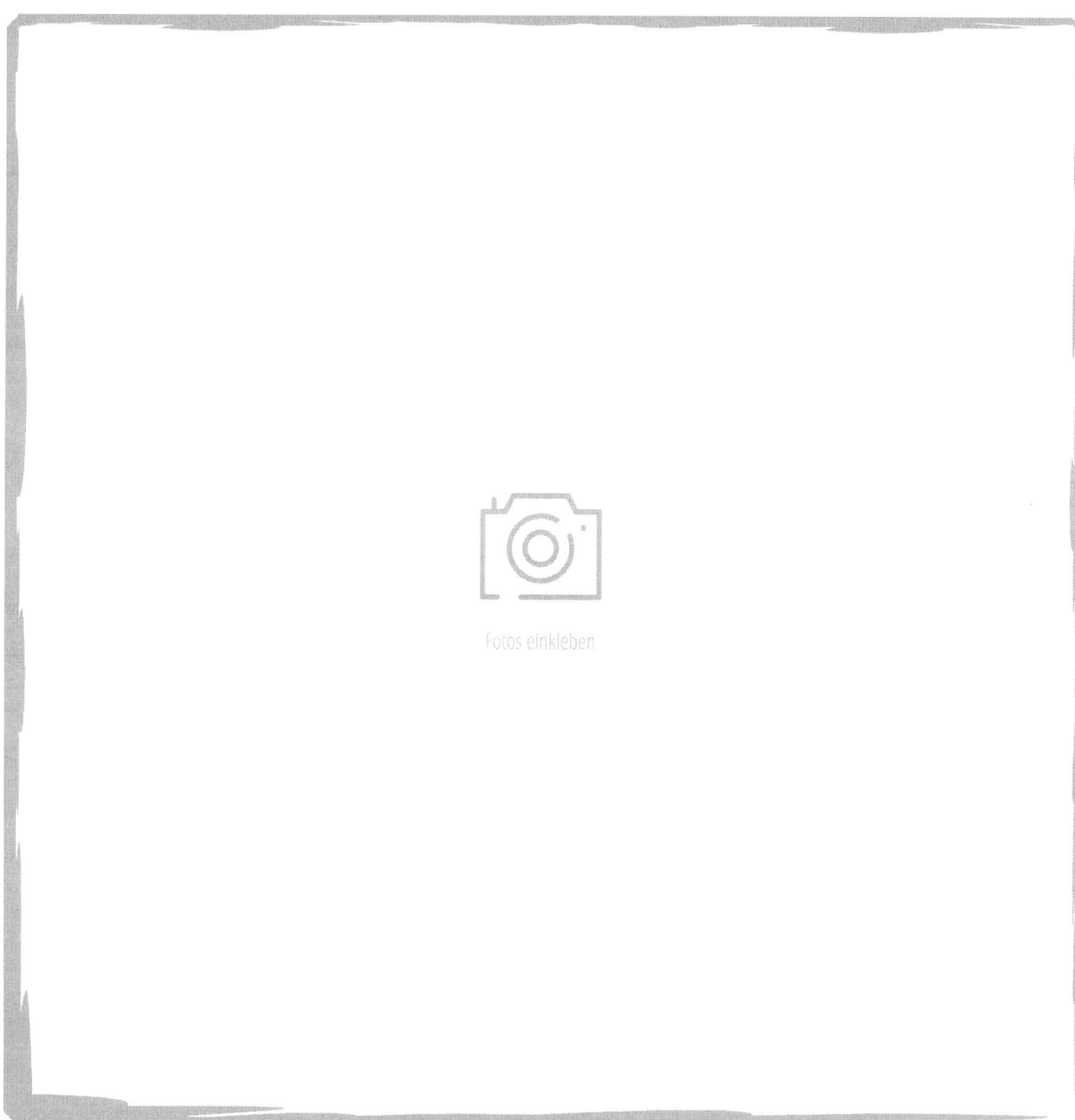

Meine Wandertour

○ 😍 ○ 🙂 ○ 😐 ○ ☹️

An welchem Tag war die Tour? _____

Wie war das Wetter? ○ ☀️   ○ ⛅   ○ ☁️   ○ 🌧️   ○ ⚡   ○ ❄️

Welche Route bin ich gegangen? _____

Welche Strecke und Höhenmeter wurden absolviert? _____

Welche Aussichtspunkte und Einkehrmöglichkeiten gab es?
_____
_____

Welche Erlebnisse sind besonders erwähnenswert?
_____
_____

Kartenausschnitt einkleben

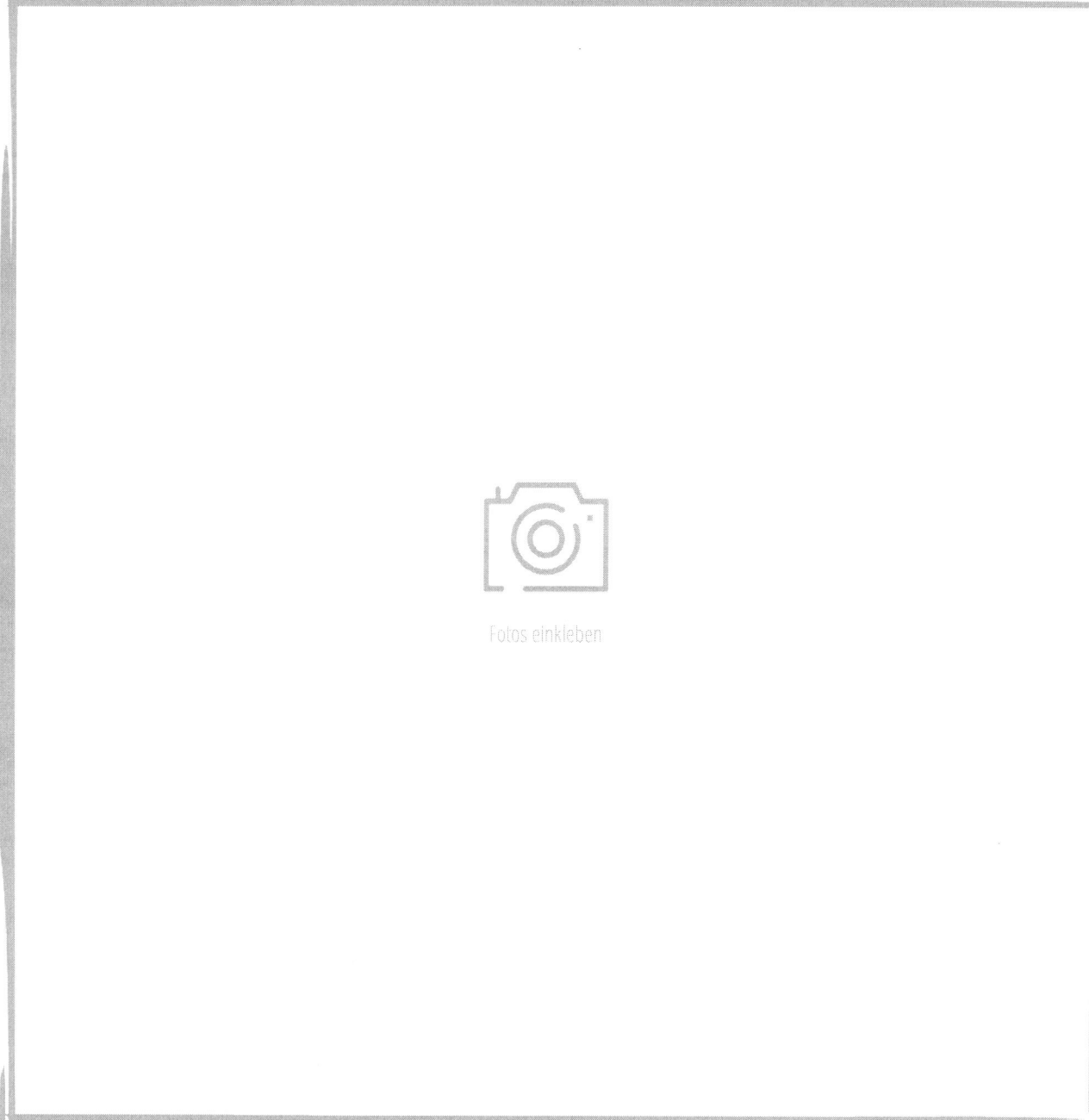

Meine Wandertour

○ 😍   ○ 🙂   ○ 😐   ○ ☹️

An welchem Tag war die Tour? _____

Wie war das Wetter?   ○ ☀️   ○ 🌤   ○ ☁️   ○ 🌧   ○ ⚡   ○ ❄️

Welche Route bin ich gegangen? _____

Welche Strecke und Höhenmeter wurden absolviert? _____

Welche Aussichtspunkte und Einkehrmöglichkeiten gab es?
_____
_____

Welche Erlebnisse sind besonders erwähnenswert?
_____
_____

Kartenausschnitt einkleben

Meine Wandertour

○ 😍　○ 🙂　○ 😐　○ ☹

An welchem Tag war die Tour? _____

Wie war das Wetter?　○ ☀　○ ⛅　○ ☁　○ 🌧　○ ⚡　○ ❄

Welche Route bin ich gegangen? _____

Welche Strecke und Höhenmeter wurden absolviert? _____

Welche Aussichtspunkte und Einkehrmöglichkeiten gab es?
_____
_____

Welche Erlebnisse sind besonders erwähnenswert?
_____
_____
_____

Kartenausschnitt einkleben

Meine Wandertour

○ 😍　○ 🙂　○ 😐　○ ☹️

An welchem Tag war die Tour? _____

Wie war das Wetter?　○ ☀️　　○ ⛅　　○ ☁️　　○ 🌧️　　○ ⚡　　○ ❄️

Welche Route bin ich gegangen? _____

Welche Strecke und Höhenmeter wurden absolviert? _____

Welche Aussichtspunkte und Einkehrmöglichkeiten gab es?
_____
_____

Welche Erlebnisse sind besonders erwähnenswert?
_____
_____
_____

Kartenausschnitt einkleben

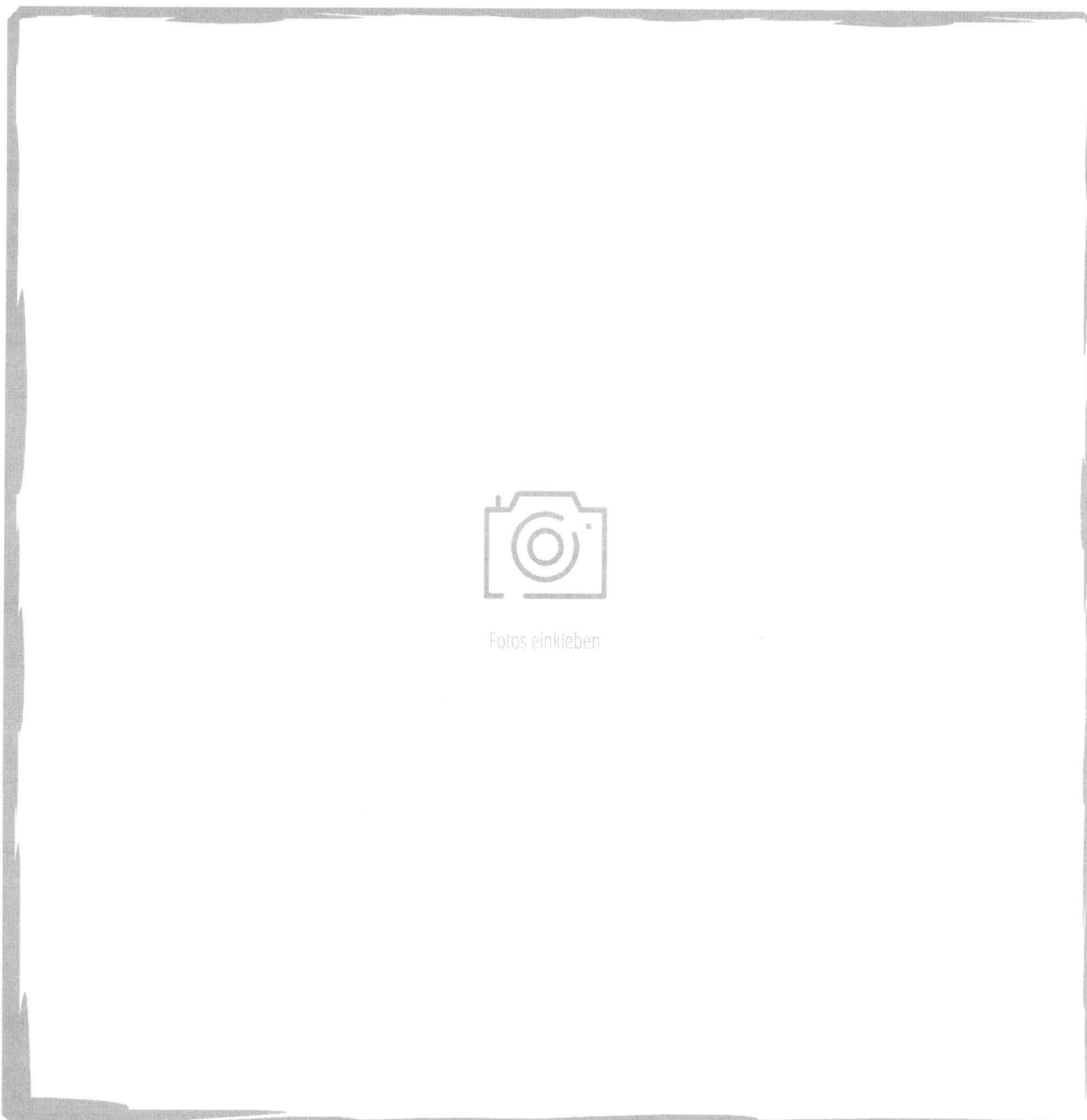

Meine Wandertour

○ 😍 ○ 🙂 ○ 😐 ○ 🙁

An welchem Tag war die Tour? _____

Wie war das Wetter?   ○ ☀   ○ ⛅   ○ ☁   ○ 🌧   ○ ⚡   ○ ❄

Welche Route bin ich gegangen? _____

Welche Strecke und Höhenmeter wurden absolviert? _____

Welche Aussichtspunkte und Einkehrmöglichkeiten gab es?
_____

Welche Erlebnisse sind besonders erwähnenswert?
_____
_____

Kartenausschnitt einkleben

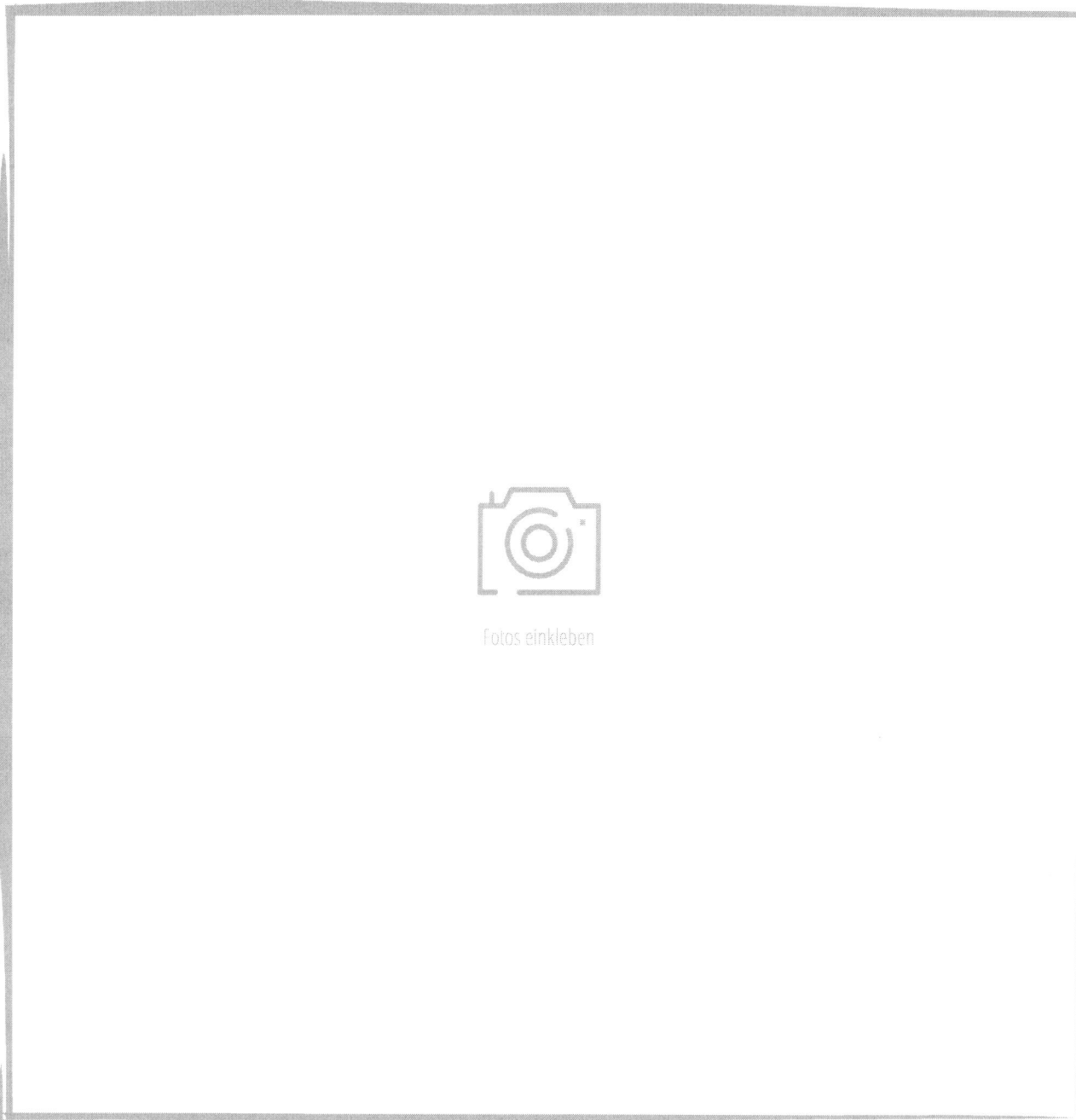

Meine Wandertour

○ 😍 ○ 🙂 ○ 😐 ○ ☹️

An welchem Tag war die Tour? _____

Wie war das Wetter?   ○ ☀️   ○ ⛅   ○ ☁️   ○ 🌧️   ○ ⚡   ○ ❄️

Welche Route bin ich gegangen? _____

Welche Strecke und Höhenmeter wurden absolviert? _____

Welche Aussichtspunkte und Einkehrmöglichkeiten gab es?
_____

Welche Erlebnisse sind besonders erwähnenswert?
_____
_____

Kartenausschnitt einkleben

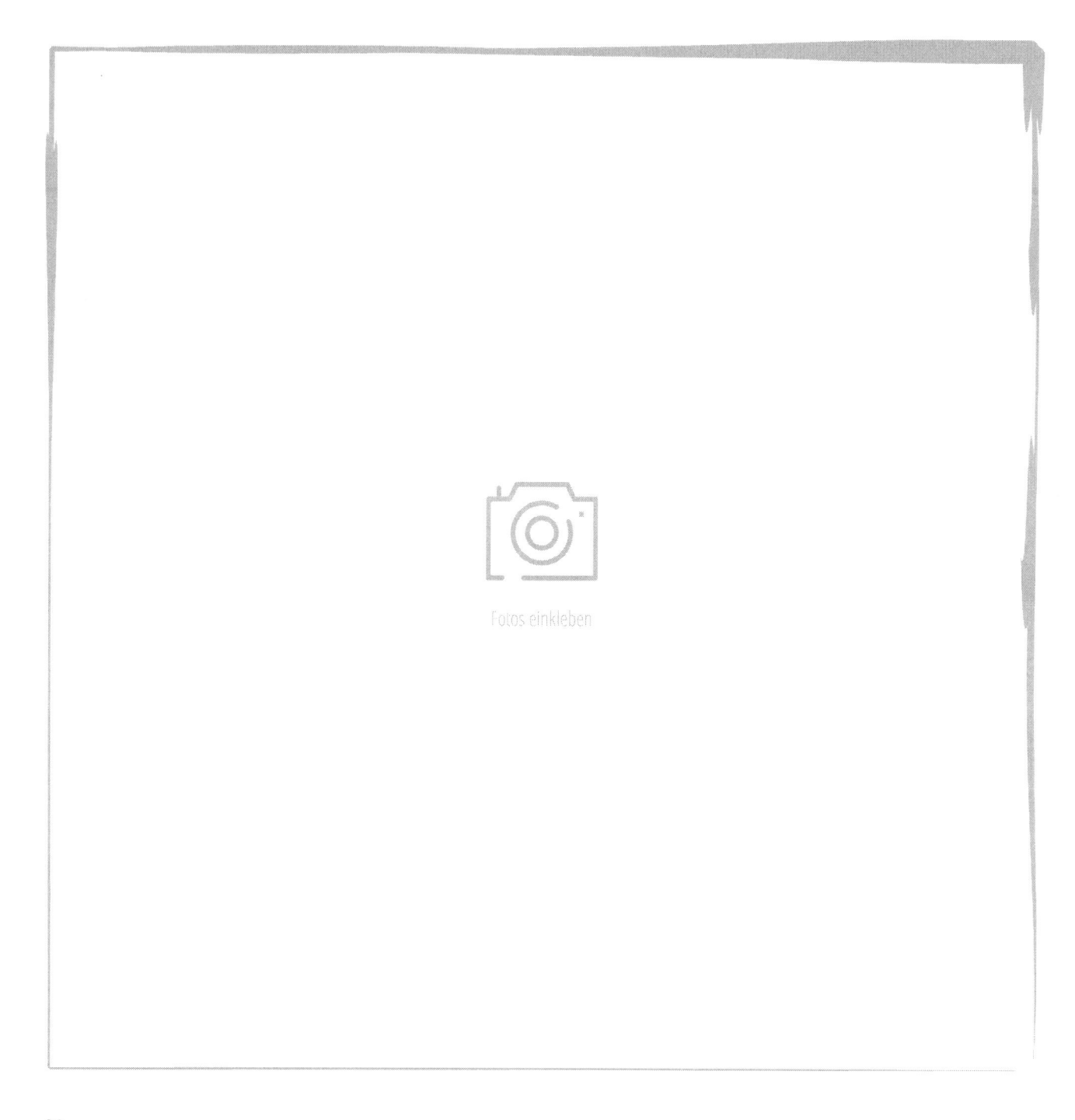

Meine Wandertour

○ 😍   ○ 🙂   ○ 😐   ○ ☹️

An welchem Tag war die Tour? _____

Wie war das Wetter?   ○ ☀️   ○ ⛅   ○ ☁️   ○ 🌧️   ○ ⚡   ○ ❄️

Welche Route bin ich gegangen? _____

Welche Strecke und Höhenmeter wurden absolviert? _____

Welche Aussichtspunkte und Einkehrmöglichkeiten gab es?

_____

Welche Erlebnisse sind besonders erwähnenswert?

_____

_____

Kartenausschnitt einkleben

Fotos einkleben

Meine Wandertour

○ 😍   ○ 🙂   ○ 😐   ○ ☹️

An welchem Tag war die Tour? _____

Wie war das Wetter?   ○ ☀️   ○ ⛅   ○ ☁️   ○ 🌧️   ○ ⚡   ○ ❄️

Welche Route bin ich gegangen? _____

Welche Strecke und Höhenmeter wurden absolviert? _____

Welche Aussichtspunkte und Einkehrmöglichkeiten gab es?
_____

Welche Erlebnisse sind besonders erwähnenswert?
_____
_____

Kartenausschnitt einkleben

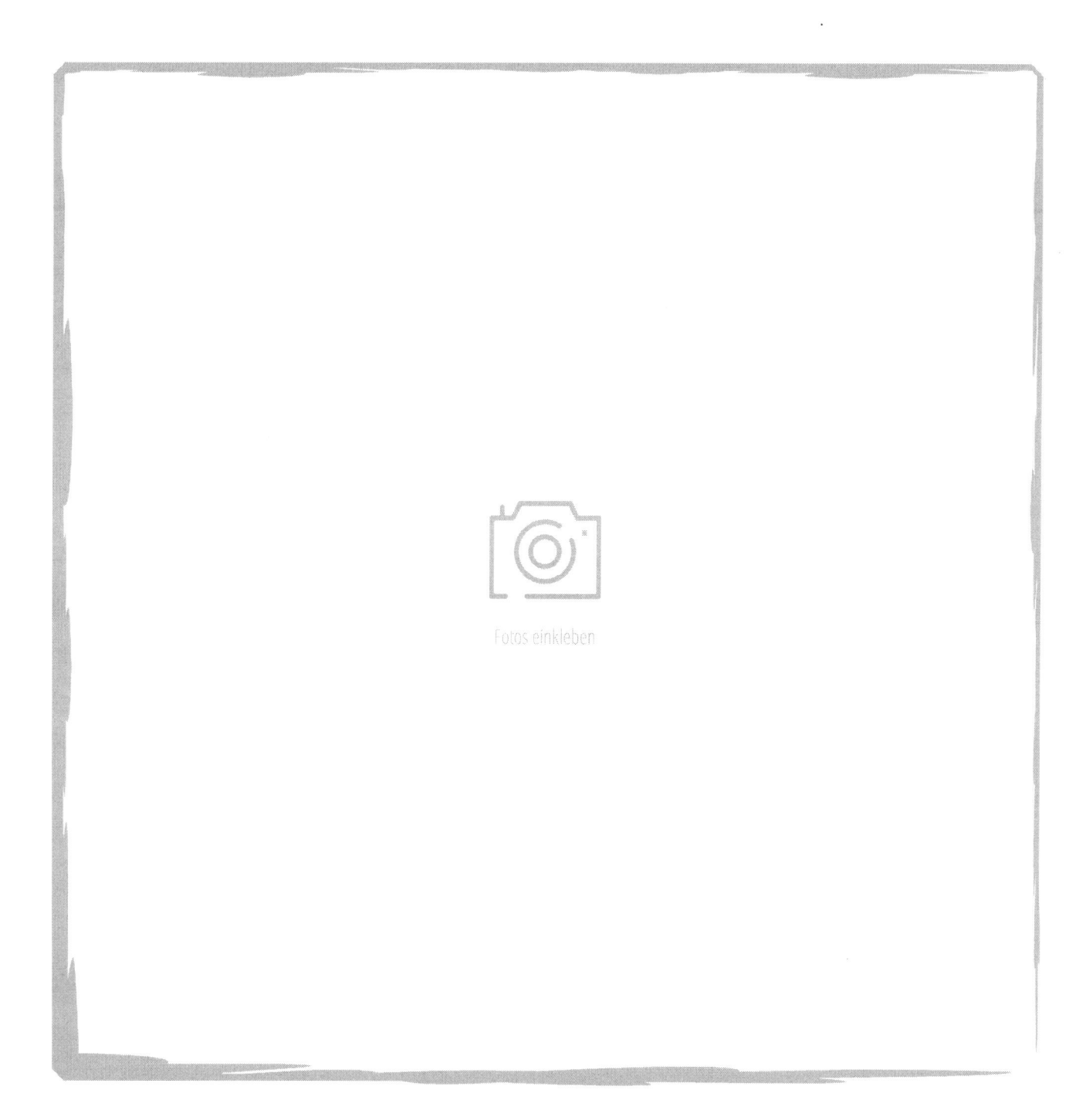

Meine Wandertour

○ 😍   ○ 🙂   ○ 😐   ○ ☹️

An welchem Tag war die Tour? _____

Wie war das Wetter?   ○ ☀️   ○ ⛅   ○ ☁️   ○ 🌧️   ○ ⚡   ○ ❄️

Welche Route bin ich gegangen? _____

Welche Strecke und Höhenmeter wurden absolviert? _____

Welche Aussichtspunkte und Einkehrmöglichkeiten gab es?
_____
_____

Welche Erlebnisse sind besonders erwähnenswert?
_____
_____

Kartenausschnitt einkleben

Meine Wandertour

○ 😍   ○ 🙂   ○ 😐   ○ ☹️

An welchem Tag war die Tour? _____

Wie war das Wetter?   ○ ☀️   ○ ⛅   ○ ☁️   ○ 🌧️   ○ ⚡   ○ ❄️

Welche Route bin ich gegangen? _____

Welche Strecke und Höhenmeter wurden absolviert? _____

Welche Aussichtspunkte und Einkehrmöglichkeiten gab es? _____

Welche Erlebnisse sind besonders erwähnenswert? _____

Kartenausschnitt einkleben

Fotos einkleben

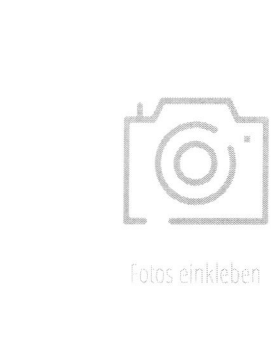

Meine Wandertour

○ 😍   ○ 🙂   ○ 😐   ○ ☹️

An welchem Tag war die Tour? _____

Wie war das Wetter?   ○ ☀️   ○ ⛅   ○ ☁️   ○ 🌧️   ○ ⚡   ○ ❄️

Welche Route bin ich gegangen? _____

Welche Strecke und Höhenmeter wurden absolviert? _____

Welche Aussichtspunkte und Einkehrmöglichkeiten gab es?

_____

Welche Erlebnisse sind besonders erwähnenswert?

_____

_____

Kartenausschnitt einkleben

Meine Wandertour

○ 😍 ○ 🙂 ○ 😐 ○ ☹️

An welchem Tag war die Tour? _____

Wie war das Wetter?   ○ ☀️   ○ ⛅   ○ ☁️   ○ 🌧️   ○ ⚡   ○ ❄️

Welche Route bin ich gegangen? _____

Welche Strecke und Höhenmeter wurden absolviert? _____

Welche Aussichtspunkte und Einkehrmöglichkeiten gab es?
_____

Welche Erlebnisse sind besonders erwähnenswert?
_____

Kartenausschnitt einkleben

Fotos einkleben

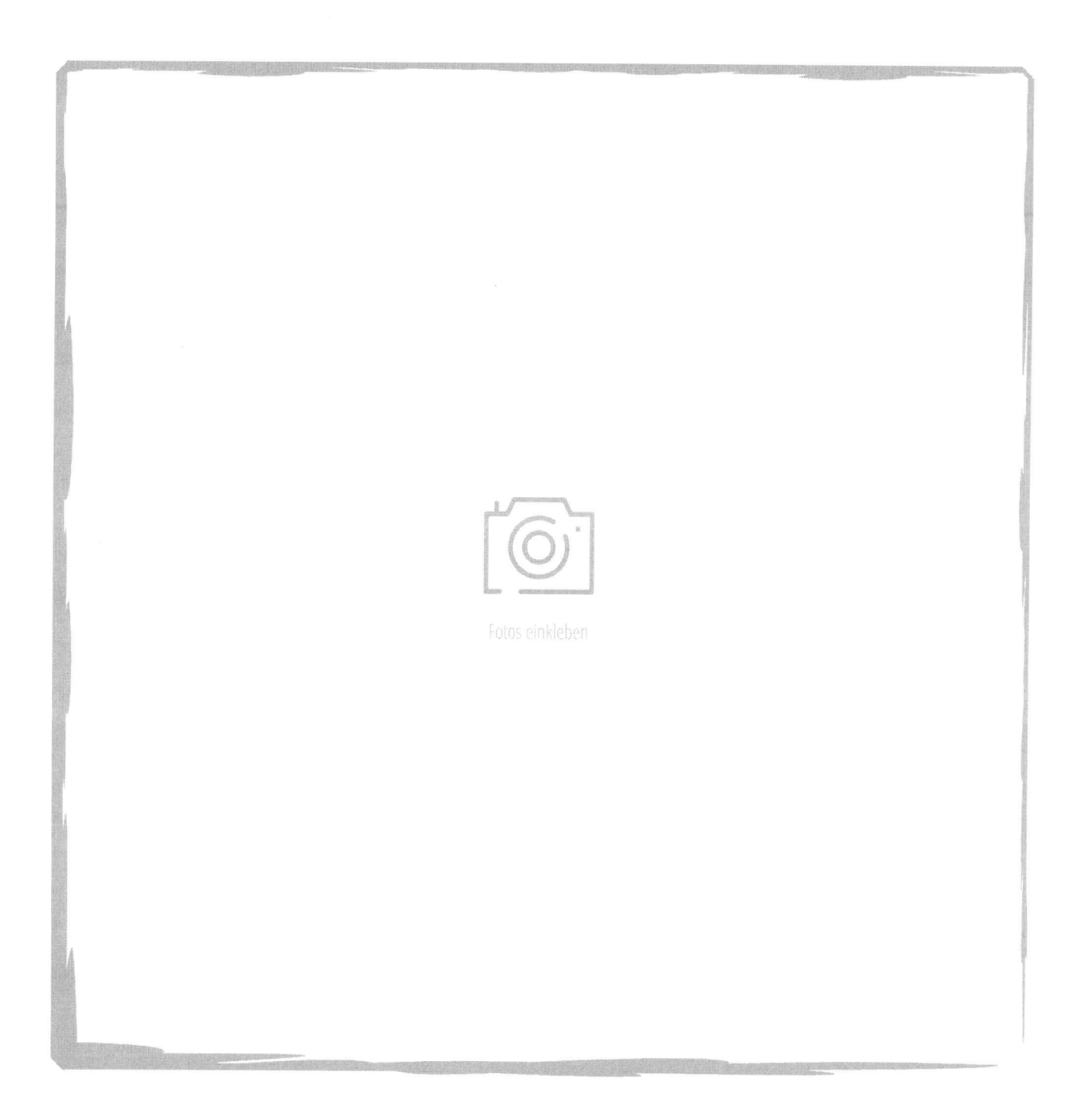

Meine Wandertour

○ 😍   ○ 🙂   ○ 😐   ○ ☹️

An welchem Tag war die Tour? _____

Wie war das Wetter?   ○ ☀️   ○ ⛅   ○ ☁️   ○ 🌧️   ○ ⚡   ○ ❄️

Welche Route bin ich gegangen? _____

Welche Strecke und Höhenmeter wurden absolviert? _____

Welche Aussichtspunkte und Einkehrmöglichkeiten gab es?
_____
_____

Welche Erlebnisse sind besonders erwähnenswert?
_____
_____
_____

Kartenausschnitt einkleben

Fotos einkleben

Meine Wandertour

○ 😍   ○ ☺   ○ 😐   ○ ☹

An welchem Tag war die Tour? _____

Wie war das Wetter?   ○ ☀   ○ ⛅   ○ ☁   ○ 🌧   ○ ⚡   ○ ❄

Welche Route bin ich gegangen? _____

Welche Strecke und Höhenmeter wurden absolviert? _____

Welche Aussichtspunkte und Einkehrmöglichkeiten gab es?
_____
_____

Welche Erlebnisse sind besonders erwähnenswert?
_____
_____

Kartenausschnitt einkleben

Fotos einkleben

Meine Wandertour

○ 😍   ○ 🙂   ○ 😐   ○ ☹️

An welchem Tag war die Tour? _____

Wie war das Wetter?   ○ ☀️   ○ ⛅   ○ ☁️   ○ 🌧️   ○ ⚡   ○ ❄️

Welche Route bin ich gegangen? _____

Welche Strecke und Höhenmeter wurden absolviert? _____

Welche Aussichtspunkte und Einkehrmöglichkeiten gab es?
_____

Welche Erlebnisse sind besonders erwähnenswert?
_____
_____

Kartenausschnitt einkleben

Fotos einkleben

Meine Wandertour

○ 😍 ○ 🙂 ○ 😐 ○ ☹

An welchem Tag war die Tour? _____

Wie war das Wetter?   ○ ☀ ○ ⛅ ○ ☁ ○ 🌧 ○ ⚡ ○ ❄

Welche Route bin ich gegangen? _____

Welche Strecke und Höhenmeter wurden absolviert? _____

Welche Aussichtspunkte und Einkehrmöglichkeiten gab es?
_____

Welche Erlebnisse sind besonders erwähnenswert?
_____
_____

Kartenausschnitt einkleben

Fotos einkleben

Meine Wandertour

○ 😍   ○ 🙂   ○ 😐   ○ ☹️

An welchem Tag war die Tour? _____

Wie war das Wetter?   ○ ☀️   ○ ⛅   ○ ☁️   ○ 🌧️   ○ ⚡   ○ ❄️

Welche Route bin ich gegangen? _____

Welche Strecke und Höhenmeter wurden absolviert? _____

Welche Aussichtspunkte und Einkehrmöglichkeiten gab es?
_____

Welche Erlebnisse sind besonders erwähnenswert?
_____
_____

Kartenausschnitt einkleben

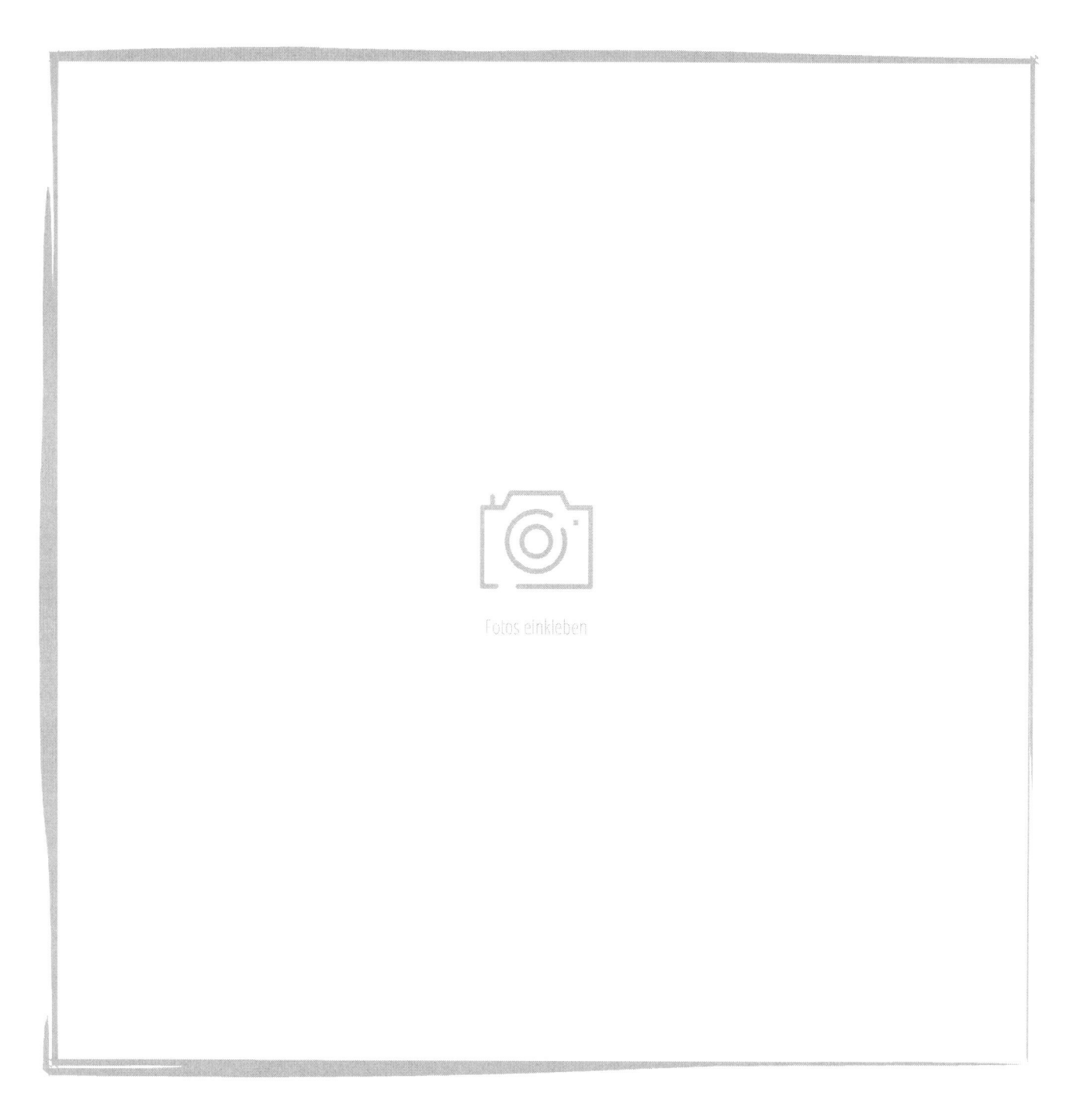

Meine Wandertour

○ 😍   ○ 🙂   ○ 😐   ○ ☹️

An welchem Tag war die Tour? _____

Wie war das Wetter?   ○ ☀️   ○ ⛅   ○ ☁️   ○ 🌧️   ○ ⚡   ○ ❄️

Welche Route bin ich gegangen? _____

Welche Strecke und Höhenmeter wurden absolviert? _____

Welche Aussichtspunkte und Einkehrmöglichkeiten gab es?
_____
_____

Welche Erlebnisse sind besonders erwähnenswert?
_____
_____
_____

Kartenausschnitt einkleben

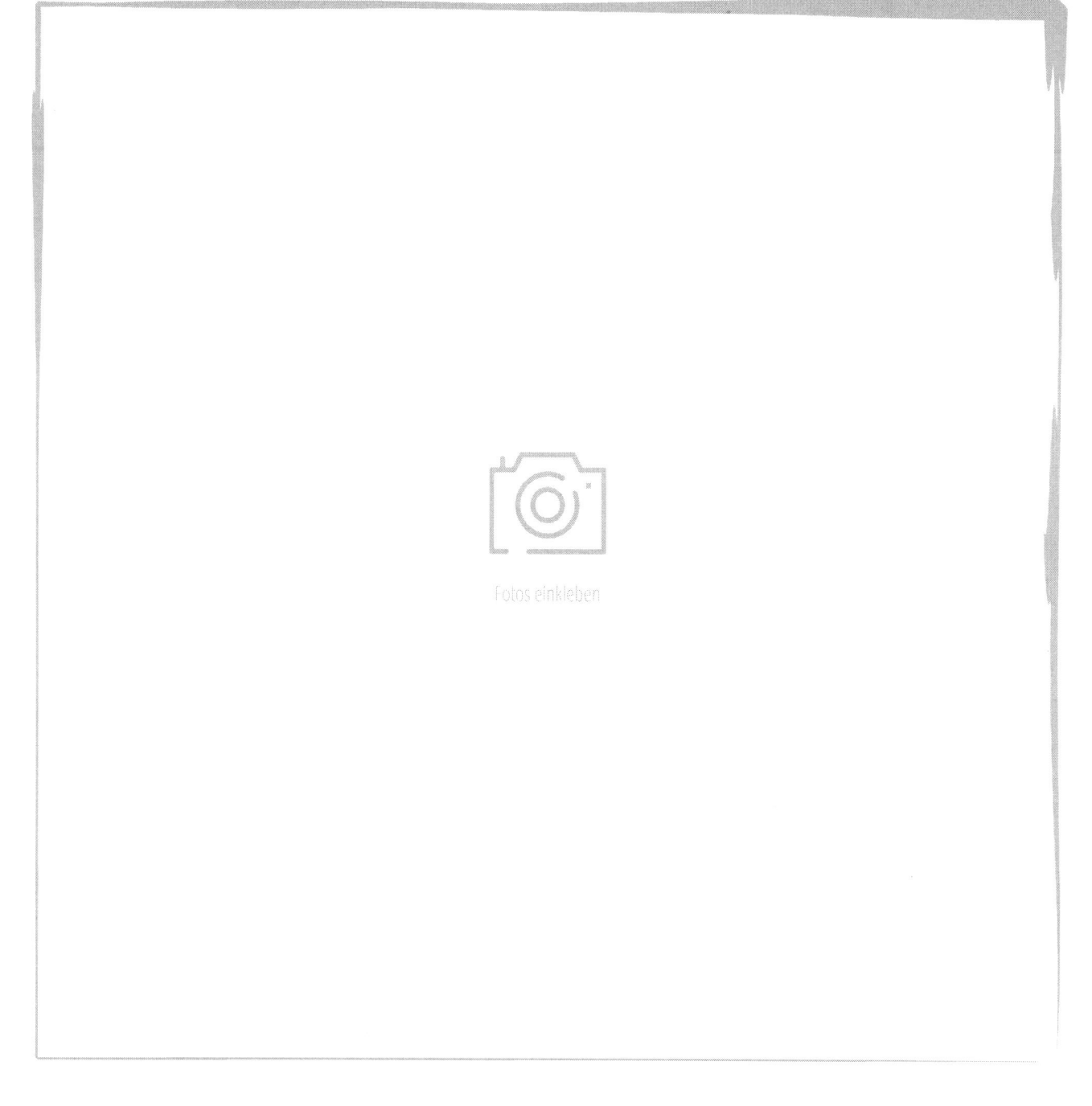

Meine Wandertour

○ 😍   ○ 🙂   ○ 😐   ○ ☹️

An welchem Tag war die Tour? _____

Wie war das Wetter?   ○ ☀️   ○ ⛅   ○ ☁️   ○ 🌧️   ○ ⚡   ○ ❄️

Welche Route bin ich gegangen? _____

Welche Strecke und Höhenmeter wurden absolviert? _____

Welche Aussichtspunkte und Einkehrmöglichkeiten gab es?
_____
_____

Welche Erlebnisse sind besonders erwähnenswert?
_____
_____

Kartenausschnitt einkleben

Fotos einkleben

Meine Wandertour

○ 😍   ○ 🙂   ○ 😐   ○ ☹

An welchem Tag war die Tour? _____

Wie war das Wetter?   ○ ☀   ○ ⛅   ○ ☁   ○ 🌧   ○ ⚡   ○ ❄

Welche Route bin ich gegangen? _____

Welche Strecke und Höhenmeter wurden absolviert? _____

Welche Aussichtspunkte und Einkehrmöglichkeiten gab es?
_____
_____

Welche Erlebnisse sind besonders erwähnenswert?
_____
_____
_____

Kartenausschnitt einkleben

Fotos einkleben

Meine Wandertour

○ 😍   ○ 🙂   ○ 😐   ○ ☹

An welchem Tag war die Tour? _____

Wie war das Wetter?   ○ ☀   ○ ⛅   ○ ☁   ○ 🌧   ○ ⚡   ○ ❄

Welche Route bin ich gegangen? _____

Welche Strecke und Höhenmeter wurden absolviert? _____

Welche Aussichtspunkte und Einkehrmöglichkeiten gab es?
_____
_____

Welche Erlebnisse sind besonders erwähnenswert?
_____
_____
_____

Kartenausschnitt einkleben

Fotos einkleben

Meine Wandertour

○ 😍   ○ 🙂   ○ 😐   ○ ☹️

An welchem Tag war die Tour? _____

Wie war das Wetter?   ○ ☀️   ○ ⛅   ○ ☁️   ○ 🌧️   ○ ⚡   ○ ❄️

Welche Route bin ich gegangen? _____

Welche Strecke und Höhenmeter wurden absolviert? _____

Welche Aussichtspunkte und Einkehrmöglichkeiten gab es?
_____

Welche Erlebnisse sind besonders erwähnenswert?
_____
_____

Kartenausschnitt einkleben

Meine Wandertour

○ 😍   ○ 🙂   ○ 😐   ○ ☹️

An welchem Tag war die Tour? ....

Wie war das Wetter?   ○ ☀️   ○ 🌤️   ○ ☁️   ○ 🌧️   ○ ⚡   ○ ❄️

Welche Route bin ich gegangen? ....

Welche Strecke und Höhenmeter wurden absolviert? ....

Welche Aussichtspunkte und Einkehrmöglichkeiten gab es?

....

Welche Erlebnisse sind besonders erwähnenswert?

....

....

Kartenausschnitt einkleben

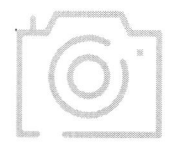

Meine Wandertour

○ 😍 ○ 🙂 ○ 😐 ○ ☹️

An welchem Tag war die Tour? _____

Wie war das Wetter? ○ ☀️   ○ ⛅   ○ ☁️   ○ 🌧️   ○ ⚡   ○ ❄️

Welche Route bin ich gegangen? _____

Welche Strecke und Höhenmeter wurden absolviert? _____

Welche Aussichtspunkte und Einkehrmöglichkeiten gab es? _____

Welche Erlebnisse sind besonders erwähnenswert? _____

Kartenausschnitt einkleben

Fotos einkleben

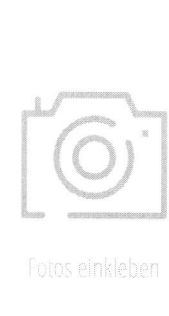

Meine Wandertour

○ 😍   ○ 🙂   ○ 😐   ○ 🙁

An welchem Tag war die Tour? _____

Wie war das Wetter?   ○ ☀   ○ ⛅   ○ ☁   ○ 🌧   ○ ⚡   ○ ❄

Welche Route bin ich gegangen? _____

Welche Strecke und Höhenmeter wurden absolviert? _____

Welche Aussichtspunkte und Einkehrmöglichkeiten gab es?
_____

Welche Erlebnisse sind besonders erwähnenswert?
_____

Kartenausschnitt einkleben

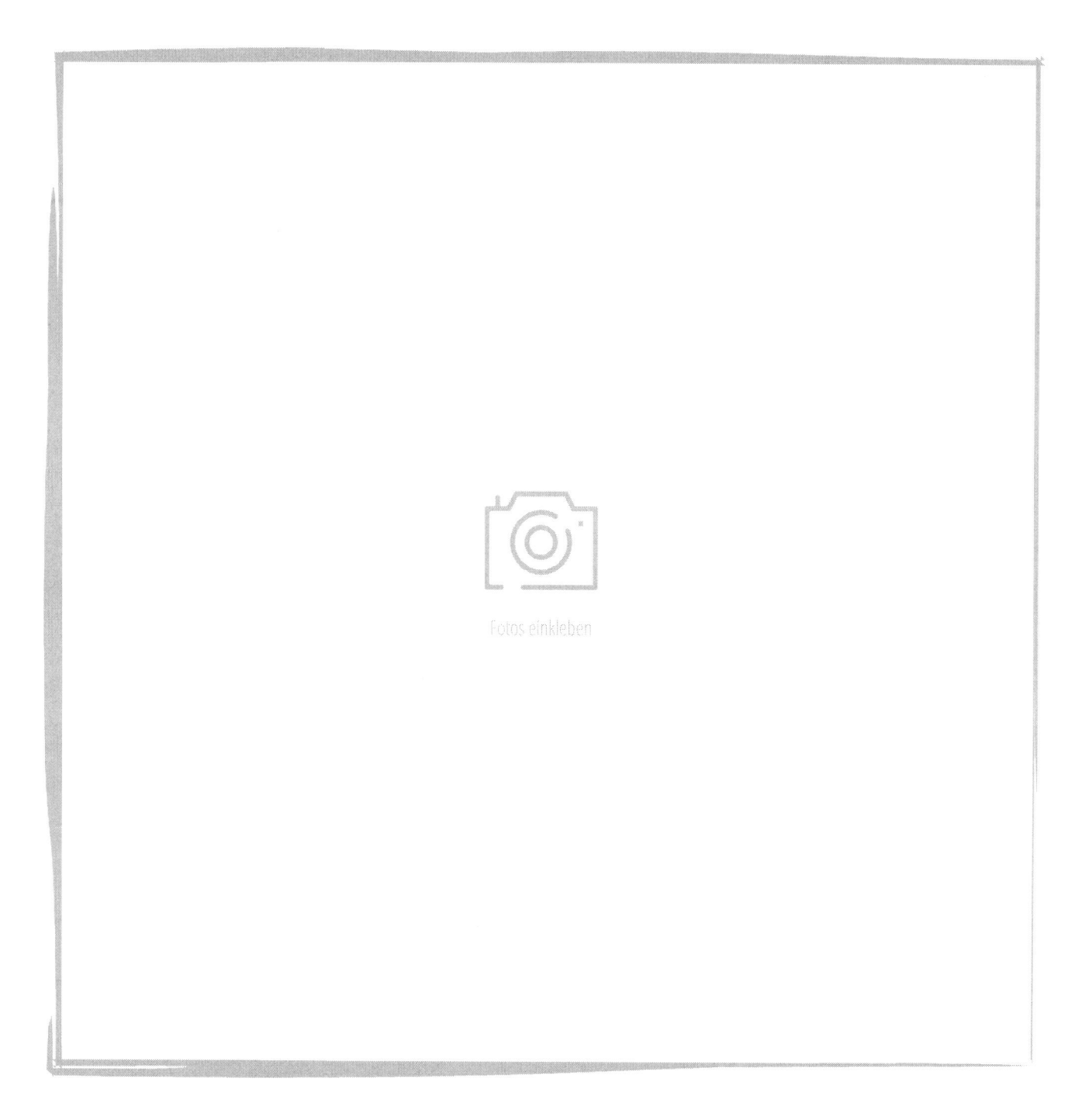

Meine Wandertour

○ 😍   ○ 🙂   ○ 😐   ○ 🙁

An welchem Tag war die Tour? _____

Wie war das Wetter?   ○ ☀   ○ ⛅   ○ ☁   ○ 🌧   ○ ⚡   ○ ❄

Welche Route bin ich gegangen? _____

Welche Strecke und Höhenmeter wurden absolviert? _____

Welche Aussichtspunkte und Einkehrmöglichkeiten gab es?

_____

Welche Erlebnisse sind besonders erwähnenswert?

_____

_____

Kartenausschnitt einkleben

Meine Wandertour

○ 😍   ○ 🙂   ○ 😐   ○ ☹️

An welchem Tag war die Tour? _____

Wie war das Wetter?   ○ ☀️   ○ ⛅   ○ ☁️   ○ 🌧️   ○ ⚡   ○ ❄️

Welche Route bin ich gegangen? _____

Welche Strecke und Höhenmeter wurden absolviert? _____

Welche Aussichtspunkte und Einkehrmöglichkeiten gab es?
_____

Welche Erlebnisse sind besonders erwähnenswert?
_____
_____

Kartenausschnitt einkleben

Fotos einkleben

Meine Wandertour

○ 😍   ○ 🙂   ○ 😐   ○ ☹️

An welchem Tag war die Tour? _____

Wie war das Wetter?   ○ ☀️   ○ ⛅   ○ ☁️   ○ 🌧️   ○ ⚡   ○ ❄️

Welche Route bin ich gegangen? _____

Welche Strecke und Höhenmeter wurden absolviert? _____

Welche Aussichtspunkte und Einkehrmöglichkeiten gab es? _____

_____

Welche Erlebnisse sind besonders erwähnenswert? _____

_____

_____

Kartenausschnitt einkleben

Meine Wandertour

○ 😍   ○ 🙂   ○ 😐   ○ 🙁

An welchem Tag war die Tour? _____

Wie war das Wetter?   ○ ☀   ○ ⛅   ○ ☁   ○ 🌧   ○ ⚡   ○ ❄

Welche Route bin ich gegangen? _____

Welche Strecke und Höhenmeter wurden absolviert? _____

Welche Aussichtspunkte und Einkehrmöglichkeiten gab es?
_____

Welche Erlebnisse sind besonders erwähnenswert?
_____
_____

Kartenausschnitt einkleben

Meine Wandertour

○ 😍   ○ 🙂   ○ 😐   ○ ☹️

An welchem Tag war die Tour? _____

Wie war das Wetter?   ○ ☀️   ○ ⛅   ○ ☁️   ○ 🌧️   ○ ⚡   ○ ❄️

Welche Route bin ich gegangen? _____

Welche Strecke und Höhenmeter wurden absolviert? _____

Welche Aussichtspunkte und Einkehrmöglichkeiten gab es?
_____

Welche Erlebnisse sind besonders erwähnenswert?
_____
_____

Kartenausschnitt einkleben

Fotos einkleben

Meine Wandertour

An welchem Tag war die Tour? _____

Wie war das Wetter?   ○ ☀   ○ ⛅   ○ ☁   ○ 🌧   ○ ⚡   ○ ❄

Welche Route bin ich gegangen? _____

Welche Strecke und Höhenmeter wurden absolviert? _____

Welche Aussichtspunkte und Einkehrmöglichkeiten gab es?

_____

Welche Erlebnisse sind besonders erwähnenswert?

_____

Kartenausschnitt einkleben

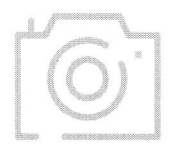

Fotos einkleben

Meine Wandertour

○ 😍   ○ 🙂   ○ 😐   ○ ☹️

An welchem Tag war die Tour? _____

Wie war das Wetter?   ○ ☀️   ○ 🌤️   ○ ☁️   ○ 🌧️   ○ ⚡   ○ ❄️

Welche Route bin ich gegangen? _____

Welche Strecke und Höhenmeter wurden absolviert? _____

Welche Aussichtspunkte und Einkehrmöglichkeiten gab es?
_____

Welche Erlebnisse sind besonders erwähnenswert?
_____
_____

Kartenausschnitt einkleben

Fotos einkleben

Meine Wandertour

○ 😍   ○ 🙂   ○ 😐   ○ ☹️

An welchem Tag war die Tour? _____

Wie war das Wetter?   ○ ☀️   ○ ⛅   ○ ☁️   ○ 🌧️   ○ ⚡   ○ ❄️

Welche Route bin ich gegangen? _____

Welche Strecke und Höhenmeter wurden absolviert? _____

Welche Aussichtspunkte und Einkehrmöglichkeiten gab es? _____

Welche Erlebnisse sind besonders erwähnenswert? _____

Kartenausschnitt einkleben

Fotos einkleben

Meine Wandertour

○ 😍   ○ 🙂   ○ 😐   ○ 🙁

An welchem Tag war die Tour? _____

Wie war das Wetter?   ○ ☀️   ○ ⛅   ○ ☁️   ○ 🌧️   ○ ⚡   ○ ❄️

Welche Route bin ich gegangen? _____

Welche Strecke und Höhenmeter wurden absolviert? _____

Welche Aussichtspunkte und Einkehrmöglichkeiten gab es?
_____
_____

Welche Erlebnisse sind besonders erwähnenswert?
_____
_____

Kartenausschnitt einkleben

Meine Wandertour

○ 😍   ○ 🙂   ○ 😐   ○ ☹️

An welchem Tag war die Tour? _____

Wie war das Wetter?   ○ ☀️   ○ ⛅   ○ ☁️   ○ 🌧️   ○ ⚡   ○ ❄️

Welche Route bin ich gegangen? _____

Welche Strecke und Höhenmeter wurden absolviert? _____

Welche Aussichtspunkte und Einkehrmöglichkeiten gab es?
_____
_____

Welche Erlebnisse sind besonders erwähnenswert?
_____
_____
_____

Kartenausschnitt einkleben

Fotos einkleben

Meine Wandertour

○ 😍   ○ 🙂   ○ 😐   ○ ☹️

An welchem Tag war die Tour? _____

Wie war das Wetter?   ○ ☀️   ○ ⛅   ○ ☁️   ○ 🌧️   ○ ⚡   ○ ❄️

Welche Route bin ich gegangen? _____

Welche Strecke und Höhenmeter wurden absolviert? _____

Welche Aussichtspunkte und Einkehrmöglichkeiten gab es?

_____

Welche Erlebnisse sind besonders erwähnenswert?

_____

Kartenausschnitt einkleben

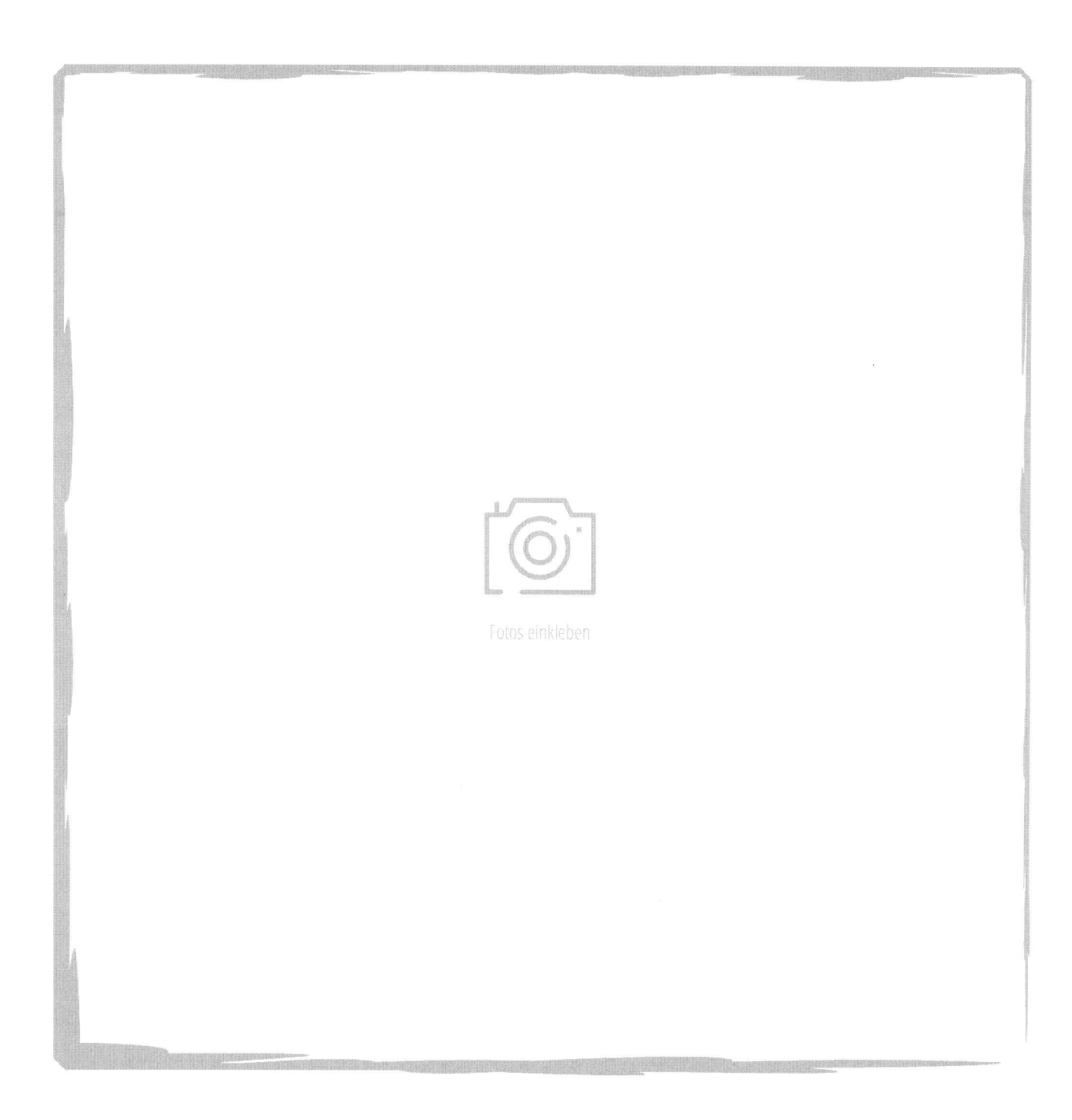

Meine Wandertour

○ 😍   ○ 🙂   ○ 😐   ○ ☹️

An welchem Tag war die Tour? _____

Wie war das Wetter? ○ ☀️   ○ ⛅   ○ ☁️   ○ 🌧️   ○ ⚡   ○ ❄️

Welche Route bin ich gegangen? _____

Welche Strecke und Höhenmeter wurden absolviert? _____

Welche Aussichtspunkte und Einkehrmöglichkeiten gab es?
_____

Welche Erlebnisse sind besonders erwähnenswert?
_____
_____

Kartenausschnitt einkleben

Meine Wandertour

○ 😍　　○ 🙂　　○ 😐　　○ ☹️

An welchem Tag war die Tour? _____

Wie war das Wetter?　○ ☀️　　○ ⛅　　○ ☁️　　○ 🌧️　　○ ⚡　　○ ❄️

Welche Route bin ich gegangen? _____

Welche Strecke und Höhenmeter wurden absolviert? _____

Welche Aussichtspunkte und Einkehrmöglichkeiten gab es?

_____

Welche Erlebnisse sind besonders erwähnenswert?

_____

_____

Kartenausschnitt einkleben

Meine Wandertour

○ 😍　○ 🙂　○ 😐　○ ☹️

An welchem Tag war die Tour? _____

Wie war das Wetter?　○ ☀️　○ ⛅　○ ☁️　○ 🌧️　○ ⚡　○ ❄️

Welche Route bin ich gegangen? _____

Welche Strecke und Höhenmeter wurden absolviert? _____

Welche Aussichtspunkte und Einkehrmöglichkeiten gab es?

_____

Welche Erlebnisse sind besonders erwähnenswert?

_____

Kartenausschnitt einkleben

Meine Wandertour

○ 😍   ○ 🙂   ○ 😐   ○ ☹️

An welchem Tag war die Tour? _____

Wie war das Wetter?   ○ ☀️   ○ ⛅   ○ ☁️   ○ 🌧️   ○ ⚡   ○ ❄️

Welche Route bin ich gegangen? _____

Welche Strecke und Höhenmeter wurden absolviert? _____

Welche Aussichtspunkte und Einkehrmöglichkeiten gab es? _____
_____

Welche Erlebnisse sind besonders erwähnenswert? _____
_____
_____

Kartenausschnitt einkleben

Meine Wandertour

○ 😍   ○ 🙂   ○ 😐   ○ ☹️

An welchem Tag war die Tour? _____

Wie war das Wetter?   ○ ☀️   ○ ⛅   ○ ☁️   ○ 🌧️   ○ ⚡   ○ ❄️

Welche Route bin ich gegangen? _____

Welche Strecke und Höhenmeter wurden absolviert? _____

Welche Aussichtspunkte und Einkehrmöglichkeiten gab es?

_____

Welche Erlebnisse sind besonders erwähnenswert?

_____

_____

Kartenausschnitt einkleben

Impressum

© 2019 youneo projects flick und weber GbR

Alle Rechte vorbehalten. Die Benutzung dieses Buchs und der darin enthaltenen Informationen erfolgt ausdrücklich auf eigenes Risiko. Haftungsansprüche gegen den Verlag und den Autor für Schäden materieller oder ideeller Art, die durch die Nutzung oder Nichtnutzung der Informationen bzw. durch die Nutzung fehlerhafter und/oder unvollständiger Informationen verursacht wurden, sind grundsätzlich ausgeschlossen. Das Werk inklusive aller Inhalte wurde unter größter Sorgfalt erarbeitet. Der Verlag und der Autor übernehmen jedoch keine Gewähr für die Aktualität, Korrektheit, Vollständigkeit und Qualität der bereitgestellten Informationen, ebenso für etwaige Druckfehler.

Verantwortlich
Christian Flick / Mathias Weber
youneo projects flick und weber GbR, Poststraße 1, 49326 Melle
kontakt@vollgeherzt.de, www.youneoprojects.de

Bildquellen
© Ina Meer Sommer/shutterstock (Cover), © er ryan/shutterstock, © AKaiser/shutterstock, © Zdenek Harnoch/shutterstock

vollgeherzt® ist eine eingetragene Marke der youneo projects flick und weber GbR.

ISBN: 9781092158855

Printed in Poland
by Amazon Fulfillment
Poland Sp. z o.o., Wrocław